Género Ficción realista

I0794546

Pregunta esencial

¿Cómo afectan tus acciones a los demás?

Lisa, cruza el puente

Ángela María Pérez Beltrán
ilustrado por Sandra González

Capítulo 1
Siempre escucho noticias

Mi nombre es Lisa y desde pequeña me ha gustado escuchar las noticias por radio o verlas por televisión. A mis papás este interés les parece un poco extraño en alguien de mi edad. Con mi abuelo comentamos las noticias y él me las explica cuando no entiendo algo.

Hace unos días, estaba muy concentrada escuchando la radio cuando dijeron que había llovido mucho en una ciudad cercana. Debido a la cantidad de lluvia, un río creció mucho y cubrió un puente, destruyéndolo por completo. ¡Esta noticia me puso los cabellos de punta!

¿Cómo era posible que la lluvia hubiera destruido un puente? ¡Eso era terrible! Yo estaba confundida y mi abuelo no estaba cerca para preguntarle por qué algo tan natural como la lluvia podía causar problemas y, al mismo tiempo, ser tan necesaria.

Apagué la radio y salí de casa. Mis vecinos Sebastián, Alisha y Calvin estaban en el jardín de la casa de Calvin. Empezamos a jugar y la alegría del momento borró de mi cabeza la noticia del puente.

Esa tarde soleada, conocimos a Azumi y Sasuke. Estos dos hermanos hacía poco que se habían mudado al vecindario. Como ahora éramos seis, pasamos de ser "Los A-4" a "Los A-6".

Mi mejor amigo es Calvin. Nos conocemos desde que teníamos dos años. A él le encanta organizar competencias. Después de jugar, Calvin me pidió que le echara una mano con las pruebas de la siguiente competencia. Cuando me dijo que una de las pruebas era cruzar el puente cercano al vecindario, sentí un remolino en el estómago.

Recordé la noticia de la lluvia que hizo crecer el río, que cubrió un puente, que... ¡no! De ninguna manera cruzaría ese puente.

Capítulo 2

En sus marcas, listos, ¡fuera!

Calvin nos citó cuando tuvo listas todas las pruebas de la competencia. Debíamos acudir temprano a su jardín para oír las instrucciones.

Luego de un delicioso desayuno con mis papás y mi abuelo, llegué muy temprano vestida con mi ropa más cómoda. Los A-6 estábamos entusiasmados, ¡quién sabe qué idea divertida se le habría ocurrido a Calvin esta vez! Él nos explicó:

—El primer reto del día es una carrera en parejas. Pero, ¡atención! —exclamó Calvin—. Los integrantes de cada pareja unirán uno de sus tobillos con un lazo.

Sebastián y Azumi corrieron como un rayo y ganaron la primera prueba.

—Su segunda misión es caminar por la banqueta en parejas. Uno se pone una venda en los ojos y el otro lo dirige al puente. Después, sin venda, ambos cruzan el puente. ¡La pareja más veloz ganará la prueba! —dijo Calvin.

Yo fui la responsable de coordinar el paso del puente. Alisha y Sasuke me invitaron a cruzarlo, pero no quise hacerlo.

Esta vez, Alisha y Sasuke fueron la pareja más rápida.

Al mediodía, terminaron los juegos y nos despedimos para ir a almorzar con nuestras familias. Acordamos vernos a la mañana siguiente.

Detective del lenguaje	**La palabra subrayada es un nombre propio. Busca otros nombres propios en esta página.**

En la noche, me acordé de las competencias. Estaba triste y mi autoestima, por el suelo. No me podía dormir. Me acordé del puente. Mis amigos lo cruzaron y yo no me sentí capaz de hacerlo. Me quedé pensando en lo sucedido y no me di cuenta de que el tiempo pasó volando. Mi abuelo me hubiera dicho: “Estás en la luna, querida”. No tengo idea del momento en que, finalmente, me quedé dormida.

Capítulo 3
Segundo intento

El próximo encuentro con mis amigos sería al otro lado del puente. Íbamos a visitar el Parque de los robles. Yo había planeado salir temprano, cruzar el puente y esperarlos allí.

Así que, el domingo por la mañana, salí de mi casa, atravesé los jardines y caminé por la banqueta. A medida que me acercaba al puente mi corazón se aceleraba...

Mientras caminaba, encontré charcos con hojas aplastadas. En la noche había llovido con fuerza. Eso me puso aún más nerviosa y en mi cabeza daba vueltas y vueltas una pregunta: "¿Cómo estará el riachuelo?". Cuando llegué al puente, no pude cruzarlo.

Mis amigos ya estaban al otro lado. Ellos querían ir al Parque de los robles, pero pasaron el puente nuevamente para darme ánimos.

Calvin se acercó y me abrazó.

—Hoy tampoco puedo cruzar el puente —dije sollozando.

—¿Por qué? —me preguntó Calvin.

Le conté a Calvin la noticia de la lluvia que inundó el puente en una ciudad cercana. Entonces, Calvin me habló sobre lo que le producía temor. Yo lo escuché atentamente, pues él siempre me ha ayudado cuando lo he necesitado.

—En las noches de luna —me dijo Calvin—, veía sombras y oía ruidos extraños en mi habitación. ¡Me imaginaba tantas cosas! Una noche, mi mamá me acompañó y me mostró que las sombras y los ruidos provenían de las ramas de los árboles del jardín. ¡Nos reímos tanto! Fue como echar el miedo al basurero.

Luego, regresamos juntos a mi casa. Me divertí mucho con las ocurrencias de mis compañeros. Ellos me dijeron que no me preocupara, pues tendríamos muchas más oportunidades para visitar el Parque de los robles.

Capítulo 4
Vamos al puente

Después de un día de diversión con mis amigos, hablé con mi abuelo. Él me explicó que a veces la lluvia causa problemas, pero que sin ella ni siquiera existiría el Parque de los robles.

Después, me dijo con ternura:

—Te propongo que vayamos al puente y veamos qué pasa. ¡Creo que lo vas a cruzar sin ningún problema!

Al día siguiente, fuimos con mi abuelo al puente. Íbamos tarareando una canción que me cantaba cuando yo era pequeña. Fue una sorpresa cuando Calvin se nos unió en el camino.

Me detuve frente al puente con un poco de desconfianza. Apreté con fuerza la mano de mi abuelo, no quería soltarlo. Él me invitó a observar los árboles, las flores y el riachuelo. Vi que el riachuelo era muy angosto y que apenas tenía unos metros de profundidad. También noté que el puente era lindo y seguro.

Detective del lenguaje	**Identifica el predicado en la oración subrayada.**

Mi abuelo y Calvin me observaban. Los tres estábamos en silencio.

Miré a mi abuelo, y detrás de sus gafas alcancé a ver un guiño alegre. Eso me hizo sentir segura. La compañía de Calvin también me dio fuerza para continuar. Entonces, solté la mano de mi abuelo y avancé sola y sonriente. En ese momento, aparecieron al otro lado del puente Alisha, Sasuke, Azumi y Sebastián batiendo sus brazos.

Cuando estuve al otro lado del puente, mi abuelo dijo satisfecho:

—¡Mucho ruido y pocas nueces!

Todos me abrazaron. Desde entonces, aprendí que a veces las cosas parecen más grandes de lo que son en realidad.

Detective del lenguaje	**¿Cuál es el sujeto de la oración subrayada?**

Respuesta a la lectura

Resumir

Usa detalles importantes de *Lisa, cruza el puente* para resumir el cuento.

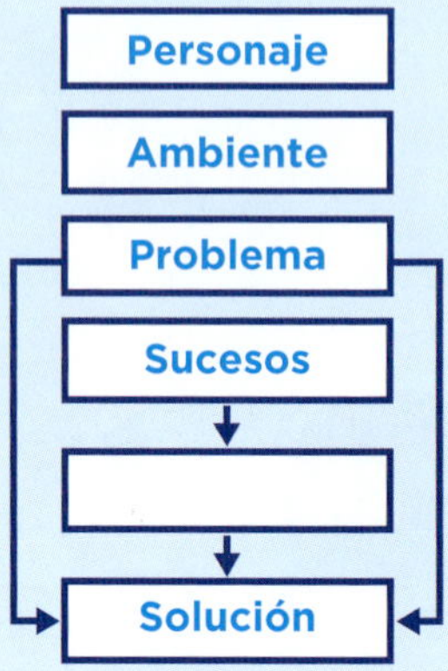

Evidencia en el texto

1. ¿Cómo sabes que *Lisa, cruza el puente* es ficción realista? Identifica dos características que te permitan determinarlo. **GÉNERO**

2. ¿Qué hace Lisa cuando no puede cruzar el puente por segunda vez? **PROBLEMA Y SOLUCIÓN**

3. En la página 14, ¿qué quiso decir el abuelo de Lisa con *mucho ruido y pocas nueces*? **MODISMOS**

4. Escribe cómo la noticia del puente afecta a Lisa. **ESCRIBIR SOBRE LA LECTURA**

Género Texto expositivo

Compara los textos

Lee para saber cómo los huertos comunitarios ayudan a mejorar los vecindarios.

FRESCO Y DE CIUDAD

Las personas que viven en las ciudades compran frutas y verduras en los supermercados. Sin embargo, cada vez más personas cultivan sus alimentos. Miles de lotes vacíos en los vecindarios de las ciudades se han convertido en huertos comunitarios.

CULTIVA TUS ALIMENTOS

Muchas personas han descubierto que un tomate cultivado en casa puede tener mucho más sabor que uno comprado en una tienda.

Por lo general, las frutas y verduras que compras en un supermercado han sido cosechadas hace semanas o meses. Además, se usan químicos para ayudar en su crecimiento.

Las verduras frescas cultivadas en un huerto saben muy rico.

Estos proyectos también son buenos para los vecindarios por otras razones. Cuando un lote vacío se convierte en un huerto, el vecindario luce mejor. Además, la horticultura da a sus habitantes la oportunidad de trabajar juntos.

Ahorrar dinero es otra razón para comenzar un huerto comunitario. Entre 2007 y 2010, muchas personas en Cleveland, Ohio, perdieron sus trabajos cuando cerraron las fábricas. Algunos supermercados también cerraron, y la gente ya no podía comprar alimentos frescos.

En ese momento, el ayuntamiento de la ciudad comenzó a animar a la gente a que convirtieran lotes vacíos en huertos comunitarios. En Cleveland, la agricultura en la ciudad ayudó a que las personas ahorraran dinero. Además, tuvieron frutas y verduras frescas para comer.

Muchos huertos comienzan con voluntarios que quieren limpiar lotes vacíos en sus vecindarios.

Tony Anderson/Digital Vision/Getty Images

¿Te gustaría cultivar tus propios alimentos frescos? Si no tienes mucho espacio, puedes hacerlo en recipientes.

PLANTAR UN HUERTO EN RECIPIENTES

1. Puedes hacer un huerto con llantas viejas, macetas o bañeras.
2. Haz un drenaje poniendo gravilla en el fondo de tu recipiente. Si estás usando un recipiente sin agujeros en el fondo, pídele a un adulto que le haga algunos.
3. Llena dos terceras partes de tus recipientes con tierra húmeda y suelta, y compost.
4. Haz pequeños agujeros en la tierra. Pon tus plantas en ellos. Luego agrega más tierra a su alrededor.
5. Pon tus recipientes en un lugar soleado. Riega tus plantas con frecuencia.

Haz conexiones

¿De qué manera un huerto comunitario ayuda a un vecindario? **PREGUNTA ESENCIAL**

¿Qué aprendiste de *Lisa, cruza el puente* y *Fresco y de ciudad* sobre cómo las personas pueden ayudar a los demás? **EL TEXTO Y OTROS TEXTOS**

Enfoque:
Elementos literarios

Modismos Los modismos son palabras o frases que tienen un significado diferente al significado literal de las palabras. Por ejemplo, el modismo *nadar entre dos aguas* significa que no puedes decidirte por algo. *Estar en la luna* significa no estar atento o no poner atención a lo que pasa alrededor.

Lee y descubre En la página 2 de *Lisa, cruza el puente,* la noticia le puso *los cabellos de punta* a Lisa. Esto significa que Lisa se puso muy nerviosa.

Tu turno

Meter gato por liebre, sacar los trapos sucios al sol y *dos cabezas piensan mejor que una* son modismos. Con un compañero o una compañera haz una lista de los modismos que conozcas. Habla sobre su significado y escribe algunas oraciones. Comenta lo que escribiste con otro grupo.